AF562236

UNE SOLUTION

FINANCIÈRE, MILITAIRE

ET

INTERNATIONALE

PÉTITION

A L'ASSEMBLÉE NATIONALE

Ensemble des nouvelles ressources annuelles
mises à la disposition du Trésor
par le projet ci-dessus,
quatre cents millions de francs.

—

L'Assemblée *doit à tout prix* préserver la France
d'une nouvelle invasion.
Élévation des budgets de la guerre pour 1875 et 1876
à neuf cents millions de francs.

PARIS

E. PLON ET Cie, IMPRIMEURS-ÉDITEURS
RUE GARANCIÈRE, 10

—

1875

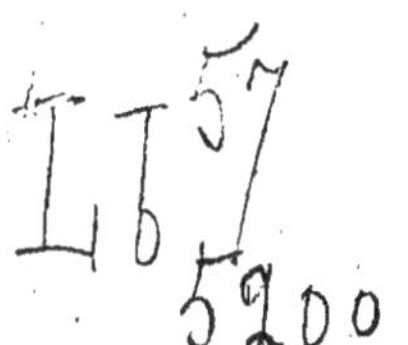

Paris, de mon lit, le 3 Février 1875

Mon cher ami,

Je vous envoie, incluse, l'épreuve de la Pétition-brochure à l'Assemblée Nationale, *Une Solution Financière, Militaire et Internationale*.

Je regrette beaucoup, qu'après avoir inspiré cette pétition, vous ayez refusé de la rédiger ; j'ai moins de loisirs que vous, car je suis malade.

Je me défie d'ailleurs de mon inexpérience de beaucoup des choses militaires, je n'ai pas même la pratique de la langue.

J'aurais signé, les yeux fermés, vous le savez bien, la pétition rédigée par vous, et que vous ne pouvez signer vous-même ; nous avons constaté si souvent la conformité de nos idées sur la Défense Nationale et la réorganisation de l'Armée.

J'ai rédigé la pétition comme j'ai pu, entre les accès de fièvre que me donne l'hydarthrose à laquelle je suis sujet depuis le siège de Paris.

Il est impossible que la rédaction ne se ressente pas de mes souffrances, je vous supplie donc de revoir chaque mot, de changer, de

---

Copie de la lettre adressée au Général avec l'épreuve de la pétition Une Solution Financière et Militaire, *à propos de la Loi des Cadres.*

corriger, de châtier énergiquement, il me semble, quant à moi, que toutes les phrases ont la fièvre.

Vous êtes, comme toujours, trop indulgent de me dire que je saurai mieux que tout autre défendre verbalement notre pétition devant les Commissions de l'Assemblée Nationale.

Je regrette beaucoup qu'aucun de nos amis n'ait consenti à accepter cette lourde tâche; non pas que le courage me manque, mais je me défie de mes forces morales et physiques; il y a deux mois que je suis au lit et je serai encore très faible, c'est ma seule objection.

Vous ne ferez pas inutilement appel à mon dévouement à notre chère et brave armée. J'aurai du courage à son exemple; je ferai tout ce qui sera en mon pouvoir pour faire triompher la cause que nous défendons.

Dès que je pourrai sortir, je demanderai à être entendu par les Commissions; je vous garantis le succès, s'il suffit pour réussir, devant les commissions de l'Assemblée, d'une conviction ardente.

Je ne dois pas vous dissimuler la répugnance que j'ai éprouvée à faire imprimer cette nouvelle pétition, ma 3ème vous le savez.

Mes précédentes pétitions 1° *La Nation armée*, rédigée à l'ambulance et deposée à l'Assemblée Nationale au commencement de 1871;

2° *L'Armée active, cadre de toutes les forces militaires de la France*, déposée à l'Assemblée nationale en Juillet 1872, n'ont servi à rien, je retrouve tous les jours des exemplaires non coupés sur les étalages des quais

Ces pétitions inutiles ne m'ont valu que des choses désagréables.

Elles m'ont mis en dissidence, en froid avec de bons amis civils et militaires qui ne m'ont jamais pardonné de n'avoir pas leur manière de voir, d'oser le dire, d'oser surtout l'écrire. Il y a des amis ainsi, vous êtes leur chose, ils ne vous permettent pas de penser autrement qu'eux.

Ces 2 pétitions m'ont en outre attiré, d'inconnus, des épîtres non-affranchies assez désobligeantes.

« De quoi te mêles-tu, méchant pékin, m'écrit gracieuse-« ment un Sr X

« Plaidez donc vos murs mitoyens si vous avez des causes; « laissez en repos l'Armée que vous ne connaissez pas, qui n'a « que faire de vos Elucubrations Bourgeoises.

J'avais cru naïvement, que, depuis nos désastres, tous les Français de bonne volonté seraient encouragés à indiquer les moyens d'en prévenir le retour

Erreur grossière, mon aimable correspondant prend soin de me prévenir et de m'apprendre que les pékins comme il me fait l'honneur de m'appeler, n'ont pas qualité pour discourir des choses militaires, beaucoup trop au dessus de leur intelligence bourgeoise.

J'aime à croire cependant que mon irascible correspondant n'a pas voulu aller jusqu'à me contester le droit de payer mes impôts; de contribuer ainsi assez largement pour ma part aux dépenses de l'Armée.

Il est probable qu'en me reconnaissant le droit de payer, il a voulu m'interdire seulement le droit de discuter le meilleur emploi des fonds attribués à l'administration de la Guerre.

A l'avenir je me le tiendrai pour dit, je ne commettrai plus de pétition *même si vous m'en priez*.

J'ai de bonnes nouvelles de mon second fils, je m'empresse de vous les résumer, sachant toute l'estime et l'affection que vous lui portez.

Son Colonel attend, je crois, l'expiration de l'année réglementaire de service pour le nommer fourrier; il n'a vous le savez que 19 ans.

Son capitaine m'écrit « notre hussard, n'a pas une punition ; « il continue à faire preuve de travail, d'esprit militaire et d'intelligence.

On me fait espérer qu'en raison de son instruction et de sa bonne conduite il pourra être présenté, par le régiment, N° 1 à l'École de Saumur.

Mon fils aîné continue, comme je vous l'ai écrit déjà, sa 2e année de mathématiques spéciales au Lycée St Louis. Il se présentera, fin de juillet, au concours pour l'École Polytechnique.

Il désire plus que jamais entrer dans votre chère artillerie où il compte, outre vous, de nombreux amis. On l'appelle au lycée " l'Artilleur de conviction "

J'ai rédigé la pétition avec crainte de mon insuffisance, mais avec le plaisir de penser que, plus heureuse que les 2 autres, elle pourra peut être être utile à l'Armée.

Comme vaincu désireux de revanche, comme père de 2 fils militaires, j'ai été heureux de défendre les intérêts de notre brave et généreuse Armée Française avec laquelle j'ai toujours vécu de cœur.

Plus heureux que moi, mes chers enfants suivent librement la carrière de leur goût.

Quant à moi, fils de magistrat, j'ai été contraint par des considérations supérieures à ma volonté, de suivre une carrière qui ne m'a jamais plu, pour laquelle je n'ai pas d'ailleurs la moindre aptitude ; vous l'avez souvent constaté et nous avons souvent ri ensemble.

Seulement ce que vous ne savez pas c'est que je n'ai jamais manqué les occasions de batailler toutes les fois que j'en ai trouvé l'occasion ; tant il est vrai que le naturel reprend toujours le dessus.

Que de fois, de 1840 à 1848 au temps où fleurissaient

les émeutes, j'ai coiffé mon bonnet à poil pour disperser les rassemblements presque hebdomadaires.

Ma compagnie de grenadiers se réunissait au centre de l'émeute, entre la Porte St Denis et la Porte St Martin.

Il fallait souvent repousser des attaques individuelles pour rejoindre la compagnie.

Les briseurs de reverbères connaissaient bien nos bonnets, ils recevaient souvent des coups de crosse, ils nous redoutaient plus que la ligne, car nous ne les ménagions pas.

Ce que vous ne savez pas encore, c'est que j'ai fait une véritable campagne de 5 jours et de 5 nuits pendant les journées de Juin 1848.

J'avais été mis par notre ami le Général de la Moricière, qui avait son quartier-général Porte St Martin, à la disposition du Colonel du 11e Léger arrivé le matin même à Paris.

Je me considérais un peu comme du régiment, j'ai renseigné éclairé, servi de mon mieux; le colonel et les officiers n'ont pas cessé de me témoigner la plus vive amitié; notre compagnie à fait enterrer à ses frais les soldats du 11e tués au milieu de nous.

C'est pendant l'invasion que j'ai le plus souffert.

Maire de mon village du Pin (Seine et Marne) au moment de l'invasion prussienne, je suis entré dans Paris avec mes administrés pour concourir à la défense de la Capitale.

Privés d'armes, j'ai du me résigner à former avec mes administrés une compagnie de génie artillerie auxiliaire qui a exécuté tous les travaux des bastions de la porte de Flandre sous la direction des officiers du génie militaire.

Je vous raconterai comment j'ai été l'un des organisateurs et des chefs des 16.000 tirailleurs volontaires des Capitaines de Beaurepaire et Lambert du Pole, tirailleurs bien connus de tous ceux qui ont subi le siège de Paris, nous avons vainement demandé au Général Trochu pendant toute la durée du siège, l'autorisation de sortir de l'enceinte, de traverser les lignes prussiennes par le Plateau d'Avron que vous connaissez.

Ma connaissance des lieux vous explique ma présence dans le corps, je devais avec les hommes de ma compagnie servir de guides aux détachements des tirailleurs.

Nous devions, par des chemins peu connus, praticables pour nous pendant la nuit la plus noire, tourner les postes et les batteries prussiennes, les surprendre, les égorger, enlever Chelles, Lagny, ravitailler Paris au moyen des immenses approvisionnements prussiens entassés dans les gares de Chelles et de Lagny.

Le Général Trochu auquel j'ai 20 fois tracé notre route sur la carte n'a jamais prétendu que nous ne réussirions pas, il nous objectait que nous nous ferions presque tous tuer.

Il s'est toujours borné à refuser l'autorisation de sortie par la seule raison qu'il jugeait inutile de faire tuer 16000 braves gens pour rien; la réponse serait louable dans la bouche d'un bon père de famille. mais un général placé dans la terrible situation du Général Trochu, était tenu à un autre langage et à d'autres décisions.

Il est certain que le gouvernement, de parti pris, n'a jamais voulu utiliser le bon vouloir des 500 000 hommes armés qui composaient la garnison de Paris.

Un bon chef fait ce qu'il veut de la plus mauvaise troupe quand il sait la diriger.

Voyez tout ce que les *stupides chefs* de la Commune ont cependant su tirer du ramassis d'hommes groupés sous leurs ordres.

J'ai visité à la suite de la troupe un grand nombre de barricades au moment de leur enlèvement; presque tous les défenseurs très-vieux à barbe blanche ou très-jeunes étaient frappés en face, le plus souvent à la tête.

J'ai vu beaucoup d'insurgés morts, décorés de la médaille militaire, quelques uns de la Légion d'honneur; ce sont les soldats déserteurs des régiments de ligne, ils étaient à Paris plus de 2.000, ce sont les étrangers écumes de toute l'Europe qui ont soutenu la lutte avec tant d'acharnement jusqu'à leur dernière cartouche.

Je ne partage pas l'engouement de beaucoup de gens pour les vieux soldats, les soldats qui ont repris Paris à la Commune étaient presque tous des jeunes gens, j'en ai vu beaucoup qui avaient l'apparence d'enfants, mais ils avaient du courage et de l'entrain.

Je crois qu'il faut comme nous le proposons de vieux cadres très instruits et de jeunes soldats; une troupe bien encadrée, marche toujours bien.

Nous demandons la construction, du camp retranché de Lagny, Thorigny, nous avons visité les lieux ensemble et vous avez constaté la force des positions de Dampmart au dessus de Lagny, dans la boucle de la Marne, de Montgé, La Tour-Vilvaudé et de Torcy.

Si nous obtenons la construction de ce camp, indispensable pour couvrir Paris à l'Est, je formerai une compagnie de vieux canonniers éclopés comme moi; nous nous chargerons de la défense du fort de Vilvaudé notre voisin, par exemple.

Nos batteries composées d'anciens artilleurs, ayant subi le siège de Paris, montreront ce qu'on peut faire même avec des infirmes dont le coeur est bon.

Nous aurons un fusil de rempart obusier à pivot par dix hommes.

Les règlements de nos batteries seront durs, les engagements difficiles, après enquête et engagements très-sérieux.

Le registre du corps portera en tête l'inscription suivante, gravée en lettres de fer sur la porte d'entrée du fort:

« Les artilleurs volontaires du fort de Vilvaudé sautent, « ils ne capitulent jamais. »

J'attends vos rectifications avec impatience, dès que je les aurai, je ferai tirer, car le temps presse.

Pardon de mon verbiage.

Venez me voir dès que vous pourrez.

J'ai reçu ce matin une lettre de mon hussard, je vous la montrerai, elle vous fera plaisir, vous sentirez le soldat sous le style de l'enfant.

Agréez mon cher ami l'expression de ma vieille amitié

E. de Rautlin de la Roy

Avocat près la Cour d'Appel de Paris

Imp. Marsais, Pl. de l'Odéon, 4.

SOMMAIRE DE LA PÉTITION

CHAPITRE PREMIER

SOLUTION FINANCIÈRE

1° Création d'un impôt de défense;

Produit annuel, *minimum*, 200 millions de francs (1), ci. . . . . 200 millions.

L'impôt de défense, le plus juste des impôts devrait seul produire de 400 à 500 millions de francs.

2° Création d'une caisse des armées de terre et de mer;

Produit annuel, 100 millions de francs (2), ci. 100 millions.

3° Création d'une caisse des propriétaires;

Produit annuel pour le Trésor, 100 millions de francs (3), ci . . . . 100 millions.

Total des ressources nouvelles mises à la disposition du Trésor. . . . . 400 millions.

(1) Un mémoire à l'appui a été déposé au Ministère de la guerre, en juillet 1874.

(2) Un mémoire a été déposé également en juillet 1874, ce mémoire n'est pas susceptible de publicité.

(3) Mémoire sous presse.

CHAPITRE II.

SOLUTION MILITAIRE.

Élévation des budgets de la guerre de 1875 et de 1876 à 900 millions de francs.

1° *Élévation du budget de la guerre pour la présente année* 1875, *à* 900 *millions de francs*, au moyen de 400 millions de nouvelles ressources mises à la disposition du Trésor.

2° Fixation du budget de la guerre de 1876 au chiffre normal de 900 millions de francs.

3° Organisation immédiate de toutes les forces militaires de la France.

Au moyen du nouveau crédit mis à la disposition du gouvernement, nous demandons l'organisation d'une force militaire égale à celle de la Prusse, homme pour homme, 2,850,000 hommes.

L'administration militaire prussienne fournit 2,850,000 hommes pour une dépense de 412 *millions.*

Nous demandons que l'administration française fournisse au moins *le même effectif avec une dépense double.*

CHAPITRE III.

SOLUTION INTERNATIONALE.

Formation d'une ligue des États libres de l'Europe, unis pour la défense de l'indépendance des peuples, des libertés politiques, civiles et religieuses.

Le gouvernement du maréchal de Mac Mahon peut seul réaliser cette ligue de la civilisation projetée par Henri IV.

Alliance Russe.

Les peuples slaves sont les seuls qui aient une sympathie réelle pour la France.

Ce sont les seuls qui aient des intérêts identiques à ceux de la France.

PÉTITION

A MESSIEURS LES MEMBRES DE L'ASSEMBLÉE NATIONALE.

NOMINATION DANS L'ASSEMBLÉE D'UNE GRANDE COMMISSION PERMANENTE DE DÉFENSE NATIONALE.

MESSIEURS LES REPRÉSENTANTS,

J'ai l'honneur de vous demander de vouloir bien **nommer dans l'Assemblée, une grande commission permanente de défense nationale.**

L'existence d'une commission permanente de défense eût sauvé la France en 1870.

La France vaincue, démembrée, ne peut plus déléguer qu'à ses représentants le soin :

1° De surveiller la mise en état de défense du territoire ;

2° D'assurer l'exécution rigoureuse de la loi de recrutement ;

3° De veiller à ce que tous les Français valides reçoivent à l'avenir l'instruction militaire suffisante pour concourir efficacement de leur personne à la défense commune.

Je demande le renvoi de la présente pétition : 1° à la commission permanente de défense, 2° à la commission de l'armée, 3° à la commission du budget.

Je demande à exposer moi-même, devant ces commissions, et devant toutes autorités compétentes, les questions suivantes, dont l'ensemble constitue la solution financière et militaire proposée dans la présente note.

PROTESTATION

ONTRE LE PROJET DE LOI DES CADRES ADOPTÉ EN DEUXIÈME LECTURE.

Je proteste contre le projet de loi des cadres.

Ce projet viole la loi de recrutement, *base fondamentale de la défense*, récemment votée par l'Assemblée nationale.

Ce projet, *n'encadre que* 700,000 *hommes*, sur les 1,350,000 hommes appelés par la loi de recrutement à servir dans l'armée active en cas de grande mobilisation.

L'Assemblée nationale ne peut pas adopter définitivement ce projet, qui annihile en fait 650,000 combattants, près de la moitié de l'effectif de l'armée active, qui réduit cet effectif à 700,000 hommes sur le papier; à 300,000 combattants en réalité, déduction faite des garnisons et des non-valeurs, et cela au moment où le Parlement prussien vient d'élever l'effectif de l'armée prussienne d'invasion à 2,850,000 vieux soldats aguerris.

L'Assemblée nationale ne peut pas, en adoptant la loi des cadres, vouer notre petite armée de 300,000 combattants à une destruction certaine en quelques jours, dans une lutte impossible de 300,000 Français contre 2,850,000 soldats éprouvés de la Prusse, dont 1,350,000 hommes ont déjà envahi, pillé la France en 1870 et 1871.

Au nom du salut de la France, au nom de l'humanité, messieurs les représentants, ne souffrez pas que notre malheureuse petite armée, que vos enfants, les nôtres, soient encore une fois écrasés, en luttant un contre neuf, si la guerre éclatait demain, un contre six, après la réorganisation militaire projetée, *dans de nouvelles boucheries de Metz et de Sedan.*

Nous vous supplions de ne jamais perdre de vue, messieurs

les Représentants, qu'une fois notre petite armée détruite ou prisonnière, la France n'aurait plus de cadres, plus d'officiers, plus de sous-officiers; qu'elle n'aurait plus aucun moyen de reconstituer une armée sérieuse.

Il ne resterait plus rien à opposer aux 2,850,000 envahisseurs allemands. Il ne resterait plus à notre malheureuse France qu'à subir le sort de la Pologne, le démembrement complet, rêve du prince de Bismarck et de tout bon Prussien.

Protestations contre les manœuvres insensées *des économes* de l'Assemblée nationale, qui désorganisent la Défense, livrent notre armée à la destruction, la France à l'invasion, au démembrement, sous prétexte d'*économies*.

L'Assemblée nationale a reçu la mission de libérer le territoire à tout prix; elle a patriotiquement rempli sa mission; elle n'a reculé, avec raison, devant aucun sacrifice; ce sera son éternel honneur. L'Assemblée a reçu en outre la non moins grande mission de protéger le territoire évacué, de prévenir le retour d'une invasion; c'est la mission que je supplie l'Assemblée nationale de remplir sans ménager les sacrifices d'argent.

Je supplie l'Assemblée nationale, je supplie sa commission de Défense, dont j'ai demandé la nomination, de ne s'en rapporter qu'à elles-mêmes.

Je supplie l'Assemblée nationale de se rappeler les déclarations du maréchal Le Bœuf, ministre de la guerre, au Corps législatif, au moment de la folle déclaration de guerre de 1870.

« *Il était prêt :*
« *Il ne manquait pas un bouton de guêtre.* »

Il était prêt, et l'Emperereur et lui savaient parfaitement qu'ils allaient avoir à combattre plus d'un million d'Allemands, pourvus de 1,600 pièces de canon, avec une petite armée française de 180,000 hommes, soutenus par une *artillerie dérisoire comme nombre et comme portée.*

Aujourd'hui que la longue portée des armes a à peu près annihilé la supériorité du courage, aujourd'hui que le plus lâche soldat prussien peut tuer, à mille mètres, le plus brave général français, ne souffrez pas, messieurs les Représentants, que nos braves soldats soient à l'avenir engagés dans des luttes inégales.

Au nom du salut de la France,

Au nom du salut de notre armée,

Au nom de la responsabilité de l'Assemblée, je demande que l'effectif des forces militaires de la France soit porté, homme *pour homme*, au chiffre de 2,850,000 hommes, chiffre égal à celui de l'armée prussienne d'invasion.

La riche nation française doit bien faire au moins, pour défendre son existence, des sacrifices égaux à ceux que fait la pauvre Prusse pour envahir et détruire la France.

Le but de cette pétition n'est pas une simple protestation : *son but principal est d'indiquer les ressources financières et les moyens pratiques d'organiser, en quelques mois*, les 2,850,000 hommes dont nous réclamons l'organisation immédiate.

LA VÉRITÉ SUR LES PRÉPARATIFS DE GUERRE DE LA PRUSSE.

Ce n'est plus une armée de 1,600,000 hommes comme en 1870 (1);

C'est le *peuple allemand* tout entier;

Ce sont tous les hommes valides de dix-sept à quarante-deux ans, des 43 millions d'habitants qui composent la population du nouvel Empire d'Allemagne, que le prince de Bismarck appelle aux armes, enrégimente, sous le commandement de vieux offi-

(1) Malgré les impudentes dénégations portées à la tribune de l'Assemblée, les états du ministère des finances constatent que 1,350,000 soldats prussiens occupaient le territoire français au moment de l'armistice. 300,000 hommes de landwehr gardaient les côtes, les places fortes et nos malheureux prisonniers.

ciers éprouvés, équipe, arme, encadre, dans les rangs de l'armée active, ou dans ceux du *landsturm*, pour les précipiter à son heure à l'invasion, au pillage, à la destruction de la France.

EFFECTIF DE L'ARMÉE D'INVASION PRUSSIENNE AU 1er JANVIER 1875 (1).

1° Armée active.

1° Armée active permanente, cadre 401,000 hommes; avec les officiers et les volontaires d'un an, 425,000, ci. 425,000 h.

2° Vieux soldats, bien instruits, en réserve dans leurs foyers, mobilisés et encadrés en cinq jours dans les rangs de l'armée permanente; cadre : 825,000 soldats aguerris.	825,000
3° Landwehr incorporée dans l'armée active par une loi récente, mobilisable en dix jours : 600,000 vieux soldats aguerris, ayant tous fait la guerre de 1870; envahi, pillé la France, désireux de recommencer.	600,000
A reporter.	1,850,000 h.

(1) Il ne manquera pas de vieux routiniers, partisans fanatiques des petites armées de vieux soldats, qui, pour défendre leur système insensé, le beau système de l'Empire, qui a produit l'écrasement, l'invasion, la ruine, le démembrement de la France, soutiendront encore, comme en 1870, que l'armée allemande de 2,850,000 vieux soldats n'est qu'une fantasmagorie, un conte de Croquemitaine.

Nous répondons à ces aveugles entêtés, qui ont déjà causé le démembrement de la France, que c'est faire œuvre de mauvais citoyen que de tromper sciemment son pays, sur les projets et sur les forces militaires d'un peuple, dont toutes les facultés, toutes les ressources en hommes et en argent sont désormais consacrées à l'écrasement, au pillage, au partage de la France.

Nous répondons à ces routiniers obstinés, que le chiffre de 2,850,000 hommes est le chiffre officiel *prussien*.

Nous ajoutons que, pour tous ceux qui connaissent les habitudes du gouvernement prussien, le chiffre avoué, le chiffre officiel est loin d'être égal au chiffre réel.

Il y a toujours en Prusse, dans cette patrie de la fourberie et de l'espionnage, à côté du chiffre officiel, exclusivement destiné à tromper l'Europe, le chiffre réel, le chiffre secret, bien supérieur au chiffre officiel.

Ainsi nous savions que le *landsturm officiellement organisé* depuis quelques

Report. . . . . 1,850,000 h.

4° Landsturm organisé secrètement depuis plusieurs années, officiellement par une loi récente tous les hommes valides de 18 à 42 ans.

Le landsturm va devenir la clef de voûte de l'organisation prussienne. Il a fourni un million de vieux soldats et officiers organisés en permanence dans toutes les localités, ci. 1,000,000

Total des forces de la Prusse prêtes à envahir la France. . . . . 2,850,000 h.

LES TERREURS TARDIVES DU *Times*.

Cette effroyable armée de 2,850,000 soldats et officiers aguerris fait réfléchir jusqu'au *Times*, l'ennemi acharné de la France, l'ami, l'organe officiel anglais du prince de Bismarck.

Le *Times*, qui a tant attaqué, calomnié notre malheureuse France, qui lui a fait tant de mal pendant la guerre, au profit de la Prusse;

---

mois seulement, existait avant la guerre, avait été réorganisé *secrètement* sur une large échelle depuis la paix.

Le système du prince de Bismarck est de tenir secret tout ce que les puissances voisines ont le plus d'intérêt à connaître. Ce système donne au prince de Bismarck l'avantage d'accuser les préparatifs militaires de ses voisins et de dénier les siens, jusqu'au jour où il croit utile de jeter le masque, de faire connaître l'état écrasant de ses forces pour intimider les forts, dominer les faibles, faire sentir à tous qu'il est bien le maître, l'arbitre des gouvernements et des peuples, le dictateur de l'Europe.

Toutes les puissances réunies de l'Europe seraient incapables de réunir une armée de 2,850,000 vieux soldats aguerris, commandée, outillée, comme l'armée prussienne.

Des renseignements dignes de toute confiance constatent que le chiffre secret, le chiffre réel de l'armée prussienne est de beaucoup supérieur au chiffre officiel de 2,850,000 hommes. Tout le monde sait que la landwehr et le landsturm *seuls*, fournissent un nombre d'hommes bien supérieur à ce chiffre.

Tout sera utilisé dans la prochaine invasion; l'armée prussienne sera suivie d'une autre armée d'espions, de voleurs, d'assassins, d'incendiaires, revêtus du costume du *landsturm*.

Les populations et l'armée française devront traiter ces bandits comme des soldats, parce qu'ils porteront les insignes militaires du *landsturm*, tandis que tous nos Français au-dessous de vingt ans et au-dessus de quarante qui essayeront de défendre leurs foyers, leurs femmes, leurs enfants, seront fusillés comme francs-tireurs par les Prussiens, et cela parce que l'Assemblée nationale n'a pas voulu organiser une armée sédentaire correspondant au landsturm.

Nous ferons énergiquement ressortir cette faute de l'Assemblée nationale, nous demanderons énergiquement l'organisation d'une armée sédentaire au chapitre de l'armée sédentaire.

Le *Times*, l'ami dévoué du prince de Bismarck, est obligé de constater avec chagrin :

« Qu'en vertu des lois récentes votées par le parlement allemand,

« *C'est la nation allemande qui est en armes; le gouvernement allemand « peut disposer à un moment donné d'une force de* 2 *millions* 800,000 *hommes.* »

Il ajoute :

« Un homme qui se promène tout armé en temps de paix, est nécessairement « soupçonné d'intentions agressives. »

LA VÉRITÉ SUR LES FORCES DÉFENSIVES DE LA FRANCE.

Aujourd'hui comme en 1870, la France, attaquée par M. de Bismarck, n'aurait pas 200,000 soldats de ligne à opposer aux 2,850,000 envahisseurs allemands, déduction faite des non-valeurs, des troupes de l'Algérie, de la garde des villes menacées par les communards.

Après la réorganisation de l'armée sur la base de la loi des cadres votée en deuxième délibération, l'effectif combattant serait de 300,000 hommes.

Triste comparaison de l'armée permanente cadre de la Prusse et de l'armée permanente de la France, au point de vue de l'effectif réel combattant.

L'effectif de l'armée de combat prussienne s'obtient en multipliant le chiffre de l'armée permanente par quatre.

Lorsqu'on veut avoir l'effectif réel combattant de l'armée prussienne, il faut multiplier le chiffre de l'armée permanente cadre de 425,000 hommes, officiers compris, par quatre. La compagnie prussienne de 60 hommes en temps de paix est portée en cinq jours à 260 hommes par le rappel des réservistes ayant passé quatre années dans la compagnie, parfaitement disciplinés et instruits, ayant conservé dans la compagnie leur numéro matricule, leur place, leur équipement et leur armement.

Lorsqu'on veut avoir le chiffre réel combattant de l'armée française, déduction faite des non-valeurs, des troupes de l'Algérie, des places et des villes menacées par les communards à la solde de Bismarck, il faut prendre la moitié de l'effectif de l'armée française.

Quant aux soldats de réserve instruits, il y en a peu; l'Empire, retenant les vieux soldats dans un intérêt dynastique, ne faisait pas de soldats de réserve.

D'après la loi des cadres récemment votée, les prétendues réserves sans instruction ne pourraient être utilisées, il n'y a pas de cadres pour les organiser.

L'effectif de l'armée active mobilisée est de 1,356,000 hommes, la loi nouvelle contre laquelle nous protestons tous, n'organise des cadres que pour 700,000 hommes.

Quant à l'armée territoriale votée depuis le mois de juillet 1872, *elle n'existe pas encore sur le papier.*

La loi de recrutement votée par l'Assemblée est ainsi ouvertement violée pour l'armée territoriale comme pour l'armée active.

ARMÉE SÉDENTAIRE.

Quant à l'armée sédentaire organisée en Prusse sous le nom de *landsturm*, destinée, comme le dit le prince de Bismarck, à former la clef de voûte de l'organisation militaire de la Prusse ;

Quant à l'armée sédentaire dont nous avons demandé l'organisation dans deux pétitions déposées et distribuées à l'Assemblée nationale en 1871 et 1872,

L'Assemblée nationale a refusé de l'organiser, exposant ainsi tous les Français au-dessous de vingt ans et au-dessus de quarante, qui essayeront de défendre leurs foyers, leurs femmes, leurs enfants, à être fusillés par de lâches Prussiens, comme l'ont été nos malheureux mobiles à Vitry, nos francs-tireurs dans toute la France.

Il semble en vérité que l'Assemblée nationale et le gouvernement aient plus peur de l'armée territoriale sédentaire que des Prussiens!

Nous montrerons par la publication du règlement du corps de canonniers vétérans volontaires que nous demandons l'autorisation de former pour la défense du camp retranché de Lagny-Thorigny, dont nous demandons la construction, ce que l'on peut attendre de vieux vétérans quinquagénaires et sexagénaires éclopés pour la plupart, mais dont l'œil et le cœur sont restés bons. Ces compagnies ne coûteront rien à l'Etat; nous réserverons des places aux économes de l'Assemblée.

L'ASSEMBLÉE NATIONALE A LE DEVOIR DE DÉFENDRE LE TERRITOIRE.

L'Assemblée nationale **doit à tout prix préserver** la France d'une nouvelle invasion.

Il faut assurer l'existence d'un peuple avant de lui faire faire des économies.

La France ressemble à un magnifique et riche palais, dont les voleurs auraient emporté les portes et les fenêtres; que penser du propriétaire qui refuserait de refaire ces portes et ces fenêtres, de faire garder son palais par économie, qui resterait par économie à la merci des voleurs?

Défendre la France est le meilleur usage à faire de son crédit.

La France a le premier crédit de l'univers; elle trouverait 50 milliards, si elle voulait faire un emprunt; avec du crédit, on trouve de l'argent pour se défendre.

Le meilleur usage que l'Assemblée nationale fera de ce crédit sera de garantir l'existence, l'indépendance de la France.

Les ressources proposées dispensent de recourir au crédit, à l'emprunt.

Nous vous supplions, messieurs les Représentants, d'adopter le système financier exposé ci-dessus, ou tout autre capable de produire les 400 millions nécessaires à la réorganisation militaire et à la défense.

Élévation des budgets de la guerre de 1875 et de 1876 à 900 millions de francs.

Nous vous supplions, Messieurs :

1° D'élever à 900 millions de francs les dépenses ordinaires de la guerre pour la présente année 1875;

2° De fixer au chiffre normal de 900 millions de francs les dépenses ordinaires de la guerre pour 1876.

CHAPITRE PREMIER.

SOLUTION FINANCIÈRE.

De l'impôt de défense (1).

L'impôt de défense serait le plus juste des impôts.

Tous ceux qui habitent le territoire français doivent concourir à le défendre :

Les hommes valides de leur personne (Loi de recrutement).

Tous les autres de leur bourse (Loi de finance à faire).

L'impôt de défense est admis en principe dans le magnifique rapport présenté par M. le marquis de Chasseloup-Laubat, au nom de la commission de réorganisation de l'armée.

L'impôt de défense a été énergiquement réclamé, en 1848-1849, par le général de Lamoricière.

L'impôt de défense a été repoussé en 1849, comme le service obligatoire dont il est la conséquence forcée.

J'ai réclamé l'impôt de défense en 1849 ; en 1870, dans un grand nombre de réunions, pendant le premier siége de Paris.

Je n'ai jamais pu rencontrer de contradicteurs pris au sérieux par l'auditoire.

L'impôt de défense a été appliqué à Paris pendant le siége.

La taxe des absents adoptée n'était qu'un impôt de défense.

L'impôt de défense est la *conséquence forcée* du service *personnel-obligatoire.*

Celui qui ne concourt pas personnellement à la défense commune doit y concourir de sa bourse.

---

(1) Un mémoire sur l'impôt de défense a été adressé à M. le Ministre de la guerre, en juillet dernier.

La Suisse a admis l'impôt ou taxe de défense, dans son projet de réorganisation militaire.

. . . .

Nécessité de l'impôt de défense.

L'impôt de défense, indispensable au point de vue financier, est tout aussi nécessaire au point de vue national : pour resserrer les liens de solidarité qui se détendent, pour ranimer le patriotisme qui s'éteint.

Produit de l'impôt de défense.

En principe, l'impôt de défense devrait produire beaucoup.

L'impôt de défense devrait être la représentation, aussi exacte que possible en espèces, des dangers et des pertes de tous genres auxquels sont assujettis ceux qui servent dans l'armée active.

L'impôt ainsi appliqué donnerait, on le comprend, un produit considérable, il ne saurait être évalué au-dessous de 500 millions de francs.

Bases de l'impôt de défense.

En fait cependant, l'impôt pourrait être établi sur des bases beaucoup plus modérées.

Ainsi par exemple, il pourrait être perçu *d'après les contributions de toute nature des imposés, dans la limite d'un maximum et d'un minimum*, fixés chaque année par l'Assemblée nationale.

L'impôt de défense, établi sur des bases modérées, produirait au moins 200 millions de francs, qui devraient être appliqués aux dépenses de la guerre.

CAISSE DES ARMÉES DE TERRE ET DE MER.

Administration.

La caisse des armées de terre et de mer formerait le plus grand établissement de crédit de l'univers.

Cette caisse serait indépendante de l'État, elle serait seulement administrée par un gouverneur nommé par le chef du pouvoir exécutif.

Contrôle.

Sous le contrôle des Ministres de la guerre, de la marine, et des finances.

D'une commission permanente de l'Assemblée nationale, à laquelle des états de situation mensuels seraient remis.

Opérations courantes. — Service des pensions. — Service de trésorerie.

La caisse des armées de terre et de mer ferait dans son intérêt personnel, comme société civile, toutes les opérations de banque, de change, d'assurances, etc., à la seule exception de celles expressément réservées à la Banque de France par son privilége.

Opérations extraordinaires.

La caisse des armées de terre et de mer, avec son revenu annuel roulant dépassant *un milliard,* pourrait dans l'année même de sa constitution, avancer à l'État :

1° Toutes les dépenses de défense, matériel, armement, fortification, réorganisation,

2° Toutes les dépenses des grands travaux d'utilité publique, voies ferrées et navigables qui font la fortune d'un pays.

Produit de la caisse des armées de terre et de mer, au profit de l'État.

La caisse des armées de terre et de mer, administrée avec intelligence et patriotisme, donnerait à l'État *un bénéfice net annuel de plus de* CENT MILLIONS DE FRANCS, indépendamment des avantages directs et indirects de tous genres, que tout homme habitué aux affaires comprend.

En juillet dernier, j'ai adressé un mémoire détaillé sur les opérations de la caisse des armées de terre et de mer, à M. le Ministre de la guerre.

Je demande à compléter les considérations que cette note ne *saurait comporter*, que leur importance ne permet pas de publier, devant les commissions de l'Assemblée.

§ 1er.

CAISSE DES PROPRIÉTAIRES.

De tout temps, on a cherché à procurer des fonds à bon marché à la propriété foncière, au moyen d'associations de propriétaires prêteurs et emprunteurs.

La nouvelle combinaison que nous exposons lèvera, nous l'espérons, les difficultés qui s'étaient opposées aux succès des précédentes.

Les détails du projet seront l'objet d'une publication spéciale.

Produit de la caisse des propriétaires.

La caisse des propriétaires, bien administrée, donnerait à l'État un revenu net annuel de plus de cent millions de francs.

§ 2.

Résultats du projet s'il était adopté par l'Assemblée nationale.

Le projet pourvoit aux besoins les plus urgents :

1° La défense du territoire serait assurée sans emprunt nouveau ;

Les capitalistes auraient la preuve qu'à l'avenir le gouvernement français trouverait toujours, même dans les circonstances les plus critiques, tous les fonds dont il pourrait avoir besoin, sans rouvrir le *Grand-Livre*. Le 3 pour 100 s'élèverait rapidement aux cours d'avant la guerre, sous l'impulsion de cette certitude.

2° Les grands travaux d'utilité publique et privée prendraient un essor difficile à prévoir, sous la pression énergique d'une grande institution financière nationale, disposant de capitaux immenses, et employant énergiquement ces capitaux au développement de la production nationale.

3° Enfin la propriété foncière, certaine de trouver toujours des capitaux à bon marché, reprendrait rapidement sa valeur et ses facilités de transmissibilité d'autrefois.

4° L'Assemblée aurait toutes facilités pour résoudre la question militaire.

CHAPITRE DEUXIÈME.

SOLUTION MILITAIRE.

Nous demandons :

1° L'ORGANISATION IMMÉDIATE D'UNE ARMÉE PERMANENTE, CAPABLE D'ENCADRER TOUTES LES FORCES MILITAIRES DE LA FRANCE, 435,119 hommes.

2° L'ORGANISATION, L'ENCADREMENT DE LA TOTALITÉ DE L'ARMÉE DE RÉSERVE ACTIVE, MOBILISABLE EN CINQ JOURS, 1,136,000 hommes.

3° L'ORGANISATION, L'EMBRIGADEMENT DE L'ARMÉE TERRITORIALE, 474,840 hommes.

4° L'ORGANISATION DE L'ARMÉE TERRITORIALE SÉDENTAIRE, de 18 à 50 ans révolus, armée de pompiers, de canonniers sédentaires, NON ARMÉS EN TEMPS DE PAIX, faisant en tout temps un service d'ordre et de sûreté, 1,000,000 hommes.

Emploi des 900 millions des budgets de guerre de 1875 et de 1876.

	Dépense.
1° ARMÉE ACTIVE. Cadre. — Permanente, 435,119 hommes. — Dépense, 600 millions de francs, ci.	600 millions.
2° Mobilisation successive de 921,000 réservistes pendant deux mois, durant les quatre mois de grandes manœuvres de guerre d'été et d'automne. — Dépense, soit, en chiffre rond, 100 millions, ci . .	100 millions.
ARMÉE TERRITORIALE. — Organisation. — Mobilisation pendant quinze jours en septembre 1875 de la totalité de l'armée territoriale. — Dépense approximative. . .	25 millions.
A reporter.	725 millions.

Report.	725 millions.
3° Armée sédentaire. — Organisation, équipement en tenue de feu des 1,000,000 de pompiers, canonniers de forteresse de l'armée territoriale. Les hommes en situation de le faire, s'équiperaient à leurs frais. Les canonniers s'équiperaient et pourraient s'armer à leurs frais également. Les pompiers n'auraient pas d'armes en temps de paix. — Dépense approximative, 25 millions de francs	25 millions.
	750 millions.

Enseignement militaire préparatoire dans toutes les communes de France.

Organisation de l'instruction militaire préparatoire dans toutes les écoles, dans toutes les communes de France, obligatoire pour tous les jeunes gens de 10 ans à 20 ans révolus. — Dépense approximative, 20 millions de francs, ci.	20 millions.
Création de dix-neuf écoles de pupilles, de dix-neuf lycées militaires, de dix-neuf écoles préparatoires de sous-officiers. — Dépense, 10 millions, ci.	10 millions.
Organisation des camps régionaux, des haras militaires régionaux, 10 millions, ci. . .	10 millions.
Dépenses secrètes du Ministère de la guerre, 5 millions de francs, ci.	5 millions.
Missions annuelles d'état-major; complément d'études de tous les officiers d'état-major, et de tous les officiers supérieurs, 5 millions, ci.	5 millions.
A reporter.	800 millions.

Report. . . . . 800 millions.

Entretien d'un officier de chaque régiment français dans un régiment autrichien, pour apprendre comment les officiers autrichiens font un bon fantassin d'un Croate, de bons hussards hongrois, d'excellents lanciers polonais, de très-bons artilleurs allemands, en dix-huit mois, un million de francs (1), ci. . . . . . . 1 million.

---

(1) Les officiers autrichiens appartiennent presque tous à la noblesse. — Beaucoup sortent de l'école militaire spéciale fondée par la grande Marie-Thérèse pour l'éducation des fils d'officiers nobles et leur préparation aux écoles militaires. — Tous les officiers autrichiens sortent d'une école spéciale militaire. La plupart passent six années dans différentes écoles pour y apprendre le service spécial de toutes les armes avant d'entrer dans les régiments.

Les officiers autrichiens, polonais et hongrois, n'ont absolument rien de commun, ni comme origine, ni comme éducation, ni comme caractère avec les officiers prussiens.

Les officiers prussiens ne sont pas des Allemands, ce sont des Vandales, des Huns, des Goths, des Visigoths, des Ostrogoths. Ils n'ont rien de l'Allemand, pas même le dialecte et la prononciation.

Les officiers autrichiens sont affables autant que les Prussiens sont grossiers, hautains, insolents.

Les officiers autrichiens sont très-instruits, tous parlent au moins trois langues, le français presque aussi bien que nous.

Tous les officiers autrichiens aiment les Français et la France, malgré l'immense faute de l'empereur Napoléon qui n'a pas compris que son ennemi était la Prusse, son allié naturel l'Autriche, qui a combattu l'Autriche au lieu de la défendre.

Tous les officiers autrichiens sentent bien que la France démembrée, l'Empire d'Autriche le serait rapidement. Je suis bien certain que la nouvelle de nos désastres a cruellement retenti dans le cœur de la plupart de mes amis de l'armée autrichienne.

Je suis certain que les officiers autrichiens accueilleront nos officiers comme des frères. Je suis certain que la population de Vienne leur fera bon accueil également. La ville de Vienne se souvient que la France a préservé Vienne des Prussiens en 1866.

Je suis certain que des liens solides de confraternité s'établiront entre les officiers des deux armées.

Nos officiers verront comment les officiers autrichiens parviennent à force de travail, d'abnégation, de dévouement, à faire de bons soldats en dix-huit mois malgré les routiniers encrassés de France.

Je saisis avec joie cette occasion pour donner aux braves et aimables officiers de toutes armes de l'armée autrichienne au milieu desquels j'ai passé l'année 1869 à Vienne, ce témoignage public de gratitude pour l'amical accueil que tous ont bien voulu me faire comme Français et quoique civil.

Remonte de la cavalerie.

Achat de 20,000 juments de guerre chaque année. — Dépense annuelle, 20 millions de francs, ci.	20 millions.
Remise de 20,000 juments de guerre aux éleveurs de la région après trois ans de service, et après avoir été saillies par des étalons de guerre de la région. Obligation de faire saillir tous les ans par un étalon de guerre.	
Matériel. — Approvisionnements. — Dépenses de toute nature	79 millions.
Total.	900 millions.

ARMÉE CADRE.

§ 1er.

L'ARMÉE PERMANENTE CADRE. — L'ARMÉE FRANÇAISE DE L'AVENIR.

EFFECTIF TOTAL DES FORCES MILITAIRES DE LA FRANCE EN 1875, D'APRÈS LE PROJET EXPOSÉ.

Armée active.

1° Armée permanente, cadre 435,119 hommes.	435,119 h.
2° Réserve active mobilisable, 921,000 hommes.	921,000
3° Armée territoriale.	474,840
4° Armée sédentaire : Pompiers, sapeurs et canonniers de forteresse, vétérans non armés en temps de paix.	1,000,000
Total.	2,830,959 h.

PROJET DE LOI D'ORGANISATION DE L'ARMÉE PERMANENTE. — CADRE. — L'ARMÉE FRANÇAISE DE L'AVENIR.

Désignation et effectif des corps ayant toujours leurs cadres permanents sur pied de guerre, de manière à recevoir, à équiper, armer, encadrer, conduire au combat, en cinq jours, la totalité des 921,000 hommes en réserve dans leurs foyers, rappelés par la loi au service d'activité en cas de grande mobilisation.

Effectif total de l'armée active mobilisée. . . . 1,356,000 h.

Infanterie de ligne.

150 régiments à cinq bataillons de 1,050 hommes chacun, présentant sur pied de guerre un effectif total de. . 787,500 h.

Le nouveau régiment de ligne, 5,250 hommes, ci. 5,250 forme seul une brigade complète.

Il a tous ses services complets, forme seul un petit corps capable d'agir isolément. Il est commandé par un général-brigadier, par un colonel, par 2 lieutenants-colonels, 5 majors, 10 chefs de demi-bataillon, 20 commandants de compagnies, montés, 20 capitaines, 40 lieutenants, 60 sous-lieutenants, 20 adjudants sous-officiers, 20 aspirants sous-lieutenants, sous-officiers, élèves sous-officiers, caporaux, élèves caporaux; au total officiers et hommes de cadre : 90 hommes par compagnie de 260 hommes.

Le régiment-cadre comprend :

1° Trois bataillons de ligne de 1,050 hommes chacun sur pied de guerre.

2° Un bataillon d'artillerie-génie, éclaireurs à pied et à cheval, composé :

1° Une batterie d'artillerie à pied appartenant au régiment, portant l'uniforme du régiment avec deux canons brodés comme signe distinctif; effectif . . . . 260 h.

2° Une compagnie de génie-artillerie auxiliaire, télégraphes, postes et services divers. 260

3° Une compagnie d'éclaireurs à cheval faisant partie du corps. 260

4° Une compagnie de chasseurs-éclaireurs à pied et à cheval. 260

Services auxiliaires divers. 10

Total. 1050

Instruction, direction, commandement de la circonscription et du régiment correspondant de l'armée territoriale par le chef du dépôt de chaque régiment de ligne.

Le lieutenant-colonel de chaque régiment de ligne chargé du commandement du bataillon de dépôt du régiment, commande en même temps la circonscription territoriale et le régiment territorial correspondant; il est chargé de l'instruction des hommes en temps de paix; en temps de guerre, il est chargé de leur commandement et de leur direction.

Chaque bataillon est commandé par un major;

Chaque bataillon est divisé en *deux demi-bataillons* de 525 hommes, commandés chacun par un chef de bataillon;

Chaque demi-bataillon est composé de deux compagnies de 260 hommes, commandées chacune par un commandant monté, par un capitaine, deux lieutenants, trois sous-lieutenants, un adjudant, un officier d'administration, 7 aspirants officiers, 10 sergents, 12 élèves sergents, 16 caporaux, élèves caporaux et hommes de cadre, au total 90.

Composition d'une compagnie d'infanterie sur pied de cadre pendant les six mois d'hiver.

1 Commandant monté,
1 Capitaine,
2 Lieutenants,
3 Sous-lieutenants,
1 Adjudant sous-officier,
1 Officier d'administration,
1 Sergent-major,
7 Elèves officiers,
2 Elèves sergents-majors,
1 Fourrier,
2 Elèves fourriers,
8 Sous-officiers,
8 Elèves sous-officiers,
16 Caporaux,
16 Elèves caporaux,
20 Tambours, clairons, hommes de cadre, hommes de service auxiliaire, ouvriers, etc.

90

Nouvelle Infanterie légère.

Chasseurs à pied et à cheval transportés en chariots-redoutes ou à cheval, artilleurs auxiliaires armés du nouveau fusil obusier portant aussi loin que le canon. Exercés à combattre à pied ou à cheval au milieu de la cavalerie et de l'artillerie qu'ils ont mission de défendre, de servir et de traîner au besoin.

Nombre de bataillons : 1 bataillon par régiment de cavalerie, vivant avec lui, portant le même numéro. 114 b.

1 bataillon par régiment d'artillerie, portant le même numéro, vivant avec lui. . .	38
12 bataillons de montagne et d'Algérie. .	12
Total des bataillons. . . .	164

Chaque bataillon à l'effectif de 1,250 hommes, ci. 205,500 h.

Chaque bataillon est commandé par un lieutenant-colonel, par un major, par deux chefs de bataillon, commandants des deux demi-bataillons, par quatre commandants montés, commandant les quatre compagnies de 260 hommes. Il y a une cinquième compagnie, dite de dépôt, de 200 hommes, commandée par un chef de bataillon.

Chaque bataillon de chasseurs vit avec le régiment de cavalerie auquel il est annexé. Il est exercé au tir tous les jours, au tir du fusil et au tir du canon.

Formation de 19 divisions légères.

Il forme avec les régiments de cavalerie et d'artillerie des divisions légères appelées à exécuter des coups de main au loin ou à éclairer le corps d'armée (1).

Cavalerie.

Effectif total de la cavalerie sur pied de grande mobilisation : 160,500 hommes.

Le huitième de l'effectif total de l'armée active mobilisée.

---

(1) En Prusse, l'infanterie, la cavalerie et l'artillerie sont depuis longtemps exercées à vivre et à manœuvrer ensemble.

La Prusse a formé depuis longtemps également des divisions légères, composées de cavalerie, d'artillerie à cheval, d'infanterie et de génie montés ou transportés en chariots.

Cadres permanents sur pied de guerre : 6 régiments par corps d'armée, 114 régiments de 1,400 hommes; soit. . 159,600 h.
Services auxiliaires divers. 900
Les régiments à 7 escadrons de 200 hommes = 1,400 hommes par régiment.
4 escadrons de guerre, ci. . . . . 800 h.
1 escadron-batterie d'artillerie à cheval. 250
1 escadron de sapeurs-mineurs-artilleurs à cheval auxiliaires.. 250
1 escadron de dépôt. 100

Officiers : Un général-brigadier, un colonel, 2 lieutenants-colonels, dont un commandant le dépôt, 7 chefs d'escadron, 7 capitaines, 7 lieutenants en premier, 7 lieutenants en deuxième, 14 sous-lieutenants, 7 adjudants sous-officiers, 40 aspirants élèves sous-lieutenants, faisant fonctions d'officiers auxiliaires.

Un officier d'administration ;

Commis sous-officier d'administration, chargé de tous les détails des écritures et des paperasses.

Interdiction aux combattants de tenir les écritures ;

Armement des cuirassiers et des dragons et de toute la cavalerie avec le fusil-obusier ;

Transformation des cuirassiers et des dragons en 36 régiments de cavalerie-artillerie auxiliaire, attachés aux 36 régiments d'artillerie ;

Exercices de tir quotidiens, canon et fusil ;

Un cavalier, tirant à pied ou à cheval, ne doit jamais manquer la cible ;

Responsabilité des officiers et des chefs de corps à cet égard.

Uniforme : Casques, dolmans de buffle à toute la cavalerie ;

Selles très-légères, suppression des schabraques, housses blanches de toile légère pour les grandes revues seulement ;

Augmentation de la nourriture des chevaux et des hommes ;

Manœuvres individuelles et de guerre quotidiennes. Travaux variés, dix heures par jour.

Artillerie.

Provisoirement 4 pièces par 1,000 hommes en attendant que nous en obtenions 6. 4 pièces de campagne par 1,000 hommes d'armée active, d'armée territoriale et d'armée sédentaire, soit 4 pièces par 1,000 hommes pour les 2,820,840 hommes formant la totalité des forces militaires de la France, armées active, territoriale, sédentaire et de réserve, soit 11,280 pièces de campagne attelées.

Provisoirement nous admettrons les 36 régiments d'artillerie de campagne, 2 régiments de pontonniers, vu la difficulté de former rapidement de bons cadres.

Génie-artillerie de forteresse.

Nous réclamons seulement la création immédiate de 36 régiments. La France est la puissance qui a le plus de forteresses. La France est la seule qui n'ait pas d'artillerie de forteresse. Nous demandons la fusion du génie et de l'artillerie de forteresse. Les officiers et les hommes du même régiment doivent construire les fortifications et servir les canons qui les défendent. Les officiers du génie seuls peuvent, comme Totleben à Sébastopol, compléter ou refaire les fortifications détruites sous le feu de l'ennemi.

Nous demandons qu'à l'avenir tous les commandants des places ou points fortifiés soient tirés du génie ou de l'artillerie du cadre d'activité, ou de réserve, ou de la marine, ou qu'ils aient au moins un brevet de canonniers-ingénieurs.

Les régiments du génie seraient armés du nouveau fusil obusier. Ils formeraient au besoin les cadres des régiments d'artillerie de forteresse de l'armée sédentaire.

Récapitulation.

Effectif total de l'armée active mobilisée : 1,356,000 h.

Infanterie de ligne, zouaves, turcos et autres, 150 régiments. . . . , ...	787,500 h.
Nouvelle infanterie légère, chasseurs à pied et à cheval ; artilleurs auxiliaires.	205,500
Cavalerie, 114 régiments, France et Algérie compris.	160,500
Artillerie, 36 régiments de campagne, 2 régiments de pontonniers, le dixième de l'effectif, 36 régiments de génie-artillerie de forteresse, ci.	135,600
Train et services divers.	66,900
Total.	1,356,000

CHAPITRE TROISIÈME.

SOLUTION INTERNATIONALE.

Ligue des gouvernements libres de l'Europe, unis pour défendre leur indépendance nationale, leurs libertés politiques et religieuses. — Alliance russe.

Ligue des gouvernements libres de l'Europe, unis pour défendre leur indépendance nationale, leurs libertés politiques et religieuses.

Aussitôt que les forces militaires de la France seront reconstituées sur les larges bases que nous avons indiquées plus haut;

Aussitôt que les puissances de l'Europe auront acquis la preuve que la France possède réellement une armée active et des réserves aussi nombreuses que celles de la Prusse, les faibles, qui craignent pour leur existence, voyant la France redevenue forte, se rappelleront que de tout temps la France a soutenu les faibles, que de tout temps la France a combattu pour l'indépendance des peuples ses voisins, pour la liberté, pour le progrès et la civilisation du monde.

Tous les gouvernements, tous les peuples comprendront que désormais Bismarck n'est plus le maître absolu de l'Europe, qu'une seule puissance liguée avec la France peut faire pencher la balance de son côté, toutes reprendront courage, confiance, toutes se tourneront vers la France comme vers leur sauveur.

La France devra, aussitôt qu'elle sera reconstituée, se concerter avec l'Angleterre, avec l'Autriche, avec l'Italie et tous les petits Etats de l'Europe, pour reprendre le magnifique projet de Henri IV, former une ligue défensive des Etats de l'Europe. La ligue aurait pour but la constitution et la défense d'un droit international européen, l'indépendance des peuples, la défense des libertés politiques, civiles et religieuses, le développement du progrès et de la civilisation.

L'Assemblée nationale peut, en votant les fonds nécessaires pour l'organisation des forces militaires de la France sur des bases équivalentes à celles de la Prusse, rendre en quelques mois à la France la situation que ses désastres lui ont fait perdre, une situation même beaucoup plus élevée et beaucoup plus digne comme principale puissance de la ligue des Etats-Unis d'Europe.

Le maréchal de Mac Mahon peut seul réaliser la ligue des États-Unis d'Europe.

L'Empire avait des convoitises connues sur la Belgique et le Luxembourg.

Toutes les puissances savent que le gouvernement du maréchal de Mac Mahon ne pourrait être soupçonné de pareilles convoitises. Tout le monde croit en Europe aux déclarations pacifiques du maréchal et de son gouvernement. Tout le monde sait que la France veut la paix, ne cherche que dans les travaux de la paix les moyens de réparer ses désastres. Tout le monde sait que la France ne menace personne, que la France ne convoite aucune conquête.

Les déclarations du duc Decazes à cet égard le rendent plus apte que tout autre à entamer cette délicate négociation.

La création d'une ligue défensive des États libres de l'Europe serait un but vraiment digne du septennat et du maréchal de Mac Mahon.

Aucun autre chef d'État ne serait mieux en situation de le réaliser. L'Europe a foi dans la parole du maréchal, dans son honnêteté, dans sa loyauté proverbiales.

L'ALLIANCE RUSSE.

Nous supplions l'Assemblée nationale et le gouvernement d'unir leurs efforts pour constituer une alliance solide intime avec la Russie.

Les Slaves sont les seuls amis de la France. Les Slaves parlent notre langue, vivent de nos mœurs, de nos usages, de nos modes, de notre littérature.

Les Slaves n'ont avec la France que des intérêts identiques. Nous avons besoin de plus de trente des matières premières que produit la Russie, sans lesquelles nous péririons de faim dans les années de disette. Blés, viandes, etc.

Les Slaves recherchent de préférence nos matières fabriquées.

La France doit à la Russie de n'avoir pas été démembrée en 1815. Nous affirmons, d'après nos renseignements personnels, que la France doit à la Russie de ne pas être envahie et démembrée à l'heure présente 1875.

J'ai l'honneur de vous offrir, messieurs les Représentants, l'hommage de mon profond respect.

E. DE RAUTLIN DE LA ROY,
Avocat à la Cour d'appel de Paris,
Ancien officier de la garde nationale de Paris,
Officier du génie auxiliaire pendant le siége.

35, rue Monsieur-le-Prince.

PARIS. TYPOGRAPHIE DE E. PLON ET Cie, RUE GARANCIÈRE, 8

www.ingramcontent.com/pod-product-compliance
Lightning Source LLC
LaVergne TN
LVHW020253230826
846091LV00006B/2387